JN438394

오늘의문학시인선 357

흐르는 물길 따라

강임구 시조집

오늘의문학사

국립중앙도서관 출판시도서목록(CIP)

흐르는 물길 따라 : 강임구 시조집 / 지은이: 강임구. -- 대
전 : 오늘의 문학사, 2015
p. ; cm. -- (오늘의문학시인선 ; 357)

ISBN 978-89-5669-709-3 03810 : ₩8000

한국 현대 시조[韓國現代時調]

811.36-KDC6
895.715-DDC23 CIP2015028227

흐르는 물길 따라

|序詩|

흐르는 물길 따라

산 산골 산이마에
아침 해 찾아오면
청솔 태운 하얀 연기 댓돌 사이 깔려 있고
어머니 맨자지* 정성으로 열어가는 세상 길

굵은 땀 흘려가며
달려간 신작로 끝
이정표 없는 외길 안개가 자욱하다
짊어진 먹구름 한 짐 쉬어갈 곳 어딜까

가다가 돌아보니
왔던 길 흔적 없고
길동무 같이 가며 쉬어가는 간이 의자
오늘도
흐르는 물길
닿는 발길 머문다.

*맨자지 : 흰 쌀밥

차례

제2부_정자나무

제3부_유월이 오면

제4부_흐르는 물길 따라

제5부_닿는 발길마다

제1부

봄 길

좋은 날

아침 햇살 씻긴 날에
새 마음 찾아내고

거울을 닦고 보니
해님보다 밝은 얼굴

햇빛도
창문 틈으로
신기한 듯 엿본다.

봄

넉넉한 햇살 덕에
부풀어 내민 가슴

한겨울 닫은 문간
비집는 여린 촉수

큰 소리
칠 틈도 없이
부서지는 자존심.

차밭에서

햇살에 물들여진
오선지 초록치마

이파리 속삭임에
발걸음 멈춰 선다

이슬이
앉은 찻잔에
여울지는 녹차향 .

발코니

고추 모 광주리 채 가슴에 품어와서
사막 같은 발코니 훈풍으로 가득채워
신록이 여물어 가면 고추 꿈은 커간다

해님이 오시는지 보이지 않는데
바람도 숨소리 죽이는 땅위의 땅
두 다리 가눌 힘조차 있지 않은 좁은 곳

오지 않는 비 소리 천둥만 요란하고
울지 않는 풀벌레 별빛 찾아 떠난 자리
고운 숨 가슴열고 들이킬 꽃동산이 그립다

제릅을 부여잡고 삼밭을 꿈꾸는데
다가서는 인기척에 바람소리 묻어와
흰 구름 떠난 자리에 꽃망울로 영근다.

봄길

솔가지 푸풋하게 잡목 따라 춤추고
능선 따라 마을로 마실 가는 송홧가루
밟는 길
닿는 곳 마다
송진 냄새 넘친다

솔바람 쉬어가는 논배미 끝자락
아버님의 손짓같이 피어나는 단배연기
산새들
오솔길 따라
노래하며 반긴다

물소리 옹알이에 버들잎 살랑이고
물속 낙엽 사이로 햇빛 줍는 송사리
고수레
밥상 앞에서
은빛으로 빛난다.

배추

구중궁궐에 터를 잡고
믿음으로 이어온 힘

봄꽃 같은 세월 하나
속눈썹에 감추고

찬 서리
내린 언덕에
보름달로 태어났다.

닭들의 합장

천지는 잠이 들고 맛닿은 입술 말이 없다
횃대에 늘어서서 달님 나라 꿈꾸지만
내리는
싸락눈 사이로
조종소리 듣는 너

보내는 가슴마다 애달픔은 한이 된다
칠성판을 이고 지고 횃불 밝힌 길을 따라
바람이
쉬는 곳에서
말 못하고 눕는 너

함께한 천재일우千載一遇 숨 쉬는 영광이다
가도 가도 암흑천지 그 끝 알 수 없지만
기어이
만나고야 말
그 곳으로 가는 너.

풀잎

가녀린 초록 볼에 봄소식 달고 왔다

지나는 길손에게 띄우는 젊은 미소

봄 낮의
하루해 지면
어둠속의 시린 손.

장미

간절한 기다림에
애태우던 지난날

양지쪽 하얀 담장
기대선 젊은 청춘

한줄기
바람결에도
미소 짓는 붉은 입술

기어이 만나야 할
애절한 사연 안고

동토의 길 걸어온
곱고 고운 사랑 불꽃

담장 위
붉은 태양의
불길 속에 휘감긴다.

벚꽃

하얀 속살 뽐내고
고운 눈매 던지며

외로움에 지샌 밤
떨어진 눈썹 하나

살포시
창틀에 앉아
떨고 있는 나비들.

해마다 봄

사뿐 사뿐 다가가서 드러누운 세월 깨워

마른 가지 끝마다 내려놓는 긴 햇살

겨우내
시린 눈바람
알몸으로 쬐고 있다.

가로수

겨울에는 장승으로
봄 오면 신선된다

숨겨둔 너털웃음
물오를 때 터뜨려서

오가는
길손 기다려
이야기 꽃 건넨다.

초심

천지를 덮고 있는
하얀 달빛 가루

잘라도 다시 나는
티눈 같은 한 점 살

수천 년
비추고도 남는
별빛 같은 맑은 힘.

귀향

수평선 긴 써레가
건반을 훑고 올 때

망둥어 온음 따라
찾아가는 고향길

물들면
축제의 향연
같이 할 수 있겠다.

*써레 : 갈아 놓은 논밭의 흙덩이를 잘게 부수고 바닥을 판판하게 고르는 농기구

정적

별들이 입을 다문
깜깜한 천지에서

살며시 들려오는
풀벌레 합창소리

바람이
숨을 고르며
모퉁이에 서 있다.

꽃 바구니

환한 눈길 가득 담아
한껏 부푼 젖가슴

흘깃 스쳐가도
배어나는 진한 향내

꿈인 듯
마주한 인연
셀 수 없는 이 기쁨

철 이른 계절 담아
어설피 웃는 웃음

꿋꿋한 가지 끝에
매달린 짧은 청춘

살며시
꼭 모은 두 손
기도하는 봉오리.

목단 꽃

해님에 얼굴 붉힌
초록 장옷 예쁜 아씨

오솔길 가는 길에
나풀대는 색동옷

벌 나비
앞을 다투어
입 맞추며 춤춘다.

산세베리아의 꿈

메마른 동굴 속 가부좌 틀고 앉아
목덜미 길게 빼고 눈감은 푸른 청춘

봄바람
창문 여는 날
햇빛 따라 가야겠다

억조창생 깊은 골에 섬광 같은 짧은 만남
밤새워 기도하는 두 손 모은 하얀 얼굴

봄 햇빛
찾아드는 날
너와 함께 가야겠다.

* 산세베리아 : 외떡잎 식물 백합목 백합과 한 속을 통틀어 이르는 말. 공기정화 식물로 일반적으로 실내에 두고 기른다.

안개

여명의 산허리에
길게 펼친 하얀 무명

밤사이 오간 발길
치마폭에 품고서

심호흡
벅찬 가슴으로
붉은 해를 맞는다.

하늘

가슴에 품어 오던
꿈나라 별님 꽃 밭

겹겹이 쌓인 시간
일월日月은 어디 갔나

보고픈
그리운 얼굴
성층권에 떠있다.

제2부

정자나무

송년

오라고 안 했는데
살며시 따라와서

수많은 참견에다
눈물만 남겨놓고

손수건
꺼내기도 전
가는 길은 어딘가.

겨울 끝자락

짧은 해 차가운 밤
한 맺힌 땅 끝마다

불어오는 바람결에
얼음장 몸을 풀 듯

숨죽인
개울물조차
큰 웃음으로 가는 길목

거꾸로 붙인 입춘대길
동빙한설 찾아와도

외로운 가지마다
목련꽃 물든 손톱

분홍색
꽃 활짝 피는
돌담으로 가는 길목.

한겨울

고구마 한 입 먹고
동치미 한 대접

엄동설한 짧은 해
엷은 햇살 내려 받아

가다가 뒤돌아보니 얼어버린 그날들

가지 않는 삭풍에
쫑알대는 개울 물

눈 덮인 비탈길에
기대선 파란 하늘

봄소식 나뭇가지 끝에 숨어있는 한 나절.

겨울 비

가난한 잎사귀들
숨을 거둔
모퉁이를

찬바람 친구 따라
곁눈질로 가는 길

싹트면
봄바람 몰고
다시 올 날 꿈꾼다.

품삯

칼바람 춤을 추던
동짓날 못 둑에서

밀가루 한 되에 내 눈물, 엄마 눈물

기나긴
겨울 지나고
고목처럼 서 있다.

홍시

떠나간 꽃잎 자리
내어준 고운 정성

밤마다 달빛 아래
받아든 맑은 이슬

가지 끝
자리에 서서
붉은 해로 떠 있다.

메르스

모래밭 태양열에
태어난 너의 이름

그리움 바람 타고
이 땅에 찾아 왔다

만나자
멎는 심장에
천년사랑 떠난다.

* 메르스(MERS : Middle East respiratory syndrome) ; 중동 호흡기 증후군.

발치

흰 벽돌 차곡차곡 성벽처럼 둘러앉은

삼신 할매 점지하신 불멸의 금강 맷돌

눈감고
초가 지붕에
박씨 하나 던진다.

겨울 들

휘어진 굵은 핏줄 주름진 살결 위에

흰 이불 눌러 덮고 눈물로 보낸 세월

가슴에
찬바람 안고
철새들과 노닌다.

명량

푸른 물 철썩임에 선비들 잠이 들고
법화경 외는 소리 핏발선 붉은 무리
하늘 땅 천둥소리에 깊은 잠을 깨었다

객주집 한 등 한 등 등불이 걸릴 무렵
비바람 헤치고 온 갈매기 울음소리
속살을 휘젓고 도는 물살 속에 잠긴다

수평선 해는 지고 흰 파도 몰려오면
가릴 것 갈 곳 없는 벌거벗은 바위섬
하루해 지나간 자리 달빛만이 휑하다

섬들이 숨을 죽여 늘어선 바다 위에
판옥선 진한 솔향 바람이 실어가면
파도는 강강수월래 자장가에 잠들고

장군의 식은땀은 칼끝의 날로 서서
거친 물길 짚어보며 토한 울음 잘라내어
울돌목 동백으로 살아 붉은 꽃을 피운다.

* 명량 : 명량해협(鳴梁海峽) 또는 울돌목은 전라남도 해남군 문내면 학동리의 화원반도와 진도군 군내면 녹진리 사이의 있는 해협이다. 길이 약 1.5km이며, 폭이 가장 짧은 곳은 약 300m 정도가 된다. 밀물 때에는 넓은 남해의 바닷물이 한꺼번에 명량해협을 통과하여 서해로 빠져 나가 조류가 5m/s 이상으로 매우 빠르다. 이를 이용하여 정유재란 당시 명량 해전에서 이순신이 이끄는 조선군이 승리하였다. 물길이 암초에 부딪혀 튕겨 나오는 소리가 매우 커 바다가 우는 것 같다고 하여 울돌목이라고도 불린다. 유속은 약 10노트(10knot, 시속 20km 정도)라고 한다.

* 법화경 : 대승 경전(大乘經典)의 하나. 부처가 세상에 나온 본뜻을 말한 것으로, 5세기초에 구마라습(鳩摩羅什)이 한문으로 번역하였다. 임진왜란시 일본군은 「나무묘법법화경」 깃발을 들고 조선반도를 침략했다.

* 강강수월래 : '강강술래'는 호남 지방에 널리 분포되어 여성들을 중심으로 전승되는 대표적인 집단 놀이이다. 이 놀이의 명칭에 대해서는 임진왜란 때 이 충무공이 이 놀이를 용병술의 하나로 이용하여 왜적의 침입을 막았다는 전설에서 '강강수월래(强羌水越來, 거센 오랑캐가 바다를 넘어온다)'라 하던 것이 발음이 변한 것이라는 설이 있다. 그러나 오히려 이미 그 이전부터 민간에서 전래해 오던 '강강술래' 노래가 임진왜란을 거치면서 '강강수월래'로 변형된 것이라고 보는 것이 옳을 것이다. '강강술래' 노래에서 '술래'는 '순라꾼'에서의 '순라(巡邏)'가 변한말로 알려져 있다.

붓글씨

눈 내린 잔디밭에 새싹은 잠을 자고

청명한 하늘가에 새들이 춤을 춘다

긴 바지
걷어 올리고
떼어보는 발자국

한 걸음 닿는 곳의 개여울 노래 소리

시린 바람 일어나서 손끝에 매달린다

가는 길
같이 가자고
손을 잡는 억센 힘

큰 바위 들어다가 머릿돌 세워 놓고

혹한을 견디어 온 한 생을 들어올려

눈밭에
옷고름 날리며
내리긋는 검은 획.

선비 마을

대나무 설렁이며
보내는 꽃바람에

밭고랑 사이에 선
쇠비름 질긴 근성

살며시
두 주먹 펴고
노랑꽃을 피웠다

해가 뜨는 동녘 산
잡목에 물오르고

못자리 떠난 모들
큰 들로 모여들자

백로는
족자 안에서
푸른 세상 꿈꾼다.

선비 정신

문지방 넘나들던
버선발 발자국은

충·효·예 넝쿨 되어
지켜 온 담장 너머

발걸음
닿는 곳마다
살아 있는 선비 얼

옛 연기 서려있는
서까래 처마 끝에

매워도 뜬 눈으로
이어 온 굳은 절개

벼루에
말라붙은 먹
향기 가득 남았다.

정자 나무

숨죽인 나목으로
생명줄 품에 안고

스치는 바람결에
뒤척이는 고된 몸

살아서
걸어가려는
꿈을 안고 기다린다

MRI 검은 영상
알 수 없는 심장박동

파란 들녘 인기척에
차오르는 물줄기

이어간
실낱 가지에
살아있는 잔 숨결.

눈

구름을 뚫고 나와
쏟아지는 하얀 나비

길 잃은 날갯짓이
하늘가 맴돌다가

한 마리
창틀에 날아와
사르르르 잠든다.

벽지

넓은 들에 가득하게
가부좌로 정좌하여

넘나드는 실바람에
세상사 전해 듣고

시름에
잠 못 이루어
눈을 뜬 체 생각한다.

달밤

초가집
웅크리고
사색에 잠긴 마을

밤이면 짖어 대던
강아지 간데없고

남은 건
달빛뿐이다
옛 고향은 떠나고.

기다림

거꾸로 길을 가다
제대로 길을 찾다

흔들린 다음에야
중심을 찾았구나

큰 강물
굽이쳐 흘러
먼 바다에 이르듯.

보행 신호등

신호등 기다리는
정다운 이웃사촌

부엉이 눈이 있어
파란 불 먼저 보고

"갑시다!"
한마디 하고
자기 집 찾아간다.

* 부엉이 눈 : 눈알을 돌리지 못함에 따라 고개를 돌려 초점을 맞춘다. 부엉이는 많은 것을 집에 물어다 두기 때문에 재물을 상징한다.

꽁초

차창으로 내민 손 허공을 휘젓고는

손끝의 담배꽁초 이별을 통보한다

가엽다
멀리 달아난
첫 키스의 미련이여.

제3부

유월이 오면

돌 무늬

억겁을 이어온 길
그 정성 올곧아라

털어내고 매 다져진
한 가닥 핏빛 인고

눈시울
젖은 자리에
날개 세운 호랑나비.

나뭇결

모래 톱 고운 무늬
물결로 씻기우듯

굳은살 박힌 세월
옹이로 멍든 관솔

살아서
숨을 쉬는 양
여울지며 춤춘다.

풀잎

장대비 받아내며 고개 숙인 잎사귀

울어오는 천둥에
체읍을 하는 구나

개울은 풀숲 헤치며 가는 길이 바쁘다.

장미 1

유월 낮 해를 반겨
담장을 타고 넘어

빈 하늘 흔드는 손
사랑 파도 일렁인다

밤이면
별님 품에서
도란대는 그 입술.

장미 2

유월의 흐르는 눈물
손으로 닦으면서

반기는 전우 손에
웃음꽃을 건넨다

모질게
속으로 삭인
한나절의 그리움.

여정

걸어온 먼 길 끝에
물보라 휘장 치고

사뿐히 내려앉아
가쁜 호흡 쉬려한다

물벼락
호통 소리에
물결 따라 가는 낙엽.

아 세월호야!

— 희생자의 안타까움을 달랠 길 없어

햇병아리 내민 머리
몰아쉬는 단말마

어미의 피 눈물에
파닥이는 젖은 날개

목울음
잠긴 바다에
푸른 꿈을 묻고 있다

가슴으로 내친 손에
들려준 옛날 얘기

함께할 그날들을
저만치 앞에 두고

하루해
저무는 바다
붉은 물결 넘친다.

보릿고개

아지랑이 봄 들녘 찾아 나선 차가운 손
어머님이 솎아 낸   목 자른 푸른 보리
보리죽
한 사발 밥상
하루해가 저문다

고무신 맨발에 손때 찌든 망태자루
뚝새풀 엉킨 고랑 헤쳐 나간 보리밭
봄볕에
노곤한 다리
함께하기 힘들다

유월의 이른 장마 퍼붓는 빗소리
허둥대는 발걸음에 싹이 돋는 보리이삭
한 고비
넘기어야 할
목숨들의 울대다

바람 부는 산마루에 잡목들 무성한데
넘나드는 산 까마귀 조상님들 어디 갔나
다가가
물어보아도
말이 없는 산 그림자.

유월이 오면

유월에는 그 얼굴의 눈동자가 그립다
나란히 줄 서있는 전우와 눈 맞추고
가만히
고개 숙이면
들려오는 목소리

땅에서 하늘에서 외침과 노한 눈빛
천둥과 불화살에 비켜선 붉은 무리
맞대어
날던 은빛 날개
깃을 접고 있지만

비구름 몰려오는 깜깜한 지평선 끝
솟아오른 보라매 보금자리 찾았을까
한동안
움츠린 날개
홰울음을 날린다

귀를 찢는 폭음도 숨어버린 산기슭
찾아왔던 얼굴들 떠나버린 오후 네 시
하루해
지는 현충원에
온 유월이 서있다.

황사

불어내는 하늘 짓에
일렁이는 잔물결

빛바랜 깃털 모여
일어서는 작은 분노

눈떠도
보이지 않는
고향 찾아 떠난다.

여명

땅 끝 커튼 열어
어둠을 걷는 고요

나무들 헛기침에
밝아오는 하늘가

아침에
찾아와야 할
손님을 기다린다

숨 쉬는 지평선 끝
숨어 도는 황금 빛깔

조용히 창문 열고
오는 님 반기면서

새소리
들릴 것 같은
푸른 숲에 서 있다.

따개비

갯바위에 달라붙어
햇볕 쬐는 작은 염원

죽은 후 살아있는
산자와의 오랜 소통

영원한
침묵이 있는
자그마한
집 한 채.

자굴산

이른 아침
산 이마에
햇살이 찾아들면

흐르는 물길마다
스며든 맑은 기상

고요한
청산의 정기
세월 마디 잇는다.

* 자굴산 : 경남 의령군 소재

고인 빗물

얼굴
맑게 닦고
길 위에 옹기종기

거꾸로 앉은 하늘
깊고도 고요한데

보고도
만질 수 없는
욕심들만 가득하다.

먼 바다

찰싹찰싹
긴 팔 뻗어 상처 다독이며

윤회를 길러낸 샘
마를 일 없는데

심해의
심장이 멈출까봐
너 보기가 두렵다

맞닿은 대양의 넓고도 깊은 곳을

품에 안으려고 키질하는 엄마손

쉼 없이
다시마 줄기
일렁일지 뉘 알까.

비눗방울

장대 끝 가장자리
미소로 태어나서

한 묶음 웃음 안고
막대 끝 대롱대롱

떠오를
앞 날 그리며
깃털같이 떠난다

한 우물 두레박질
집성촌 이웃으로

고운 정 접어두고
아쉬운 걸음걸음

동그란
무지개 얼굴
꽃잎 되어 날린다.

아침 이슬

밤 사이
말도 없이
살포시 내려앉아

비단 폭 펼쳐놓고
기도하는 고운 님

햇살에
맑은 눈동자
청옥으로 빛난다.

교정

오동잎 매미소리 담장을 넘나들고
참새들 재잘거림 소꿉친구 노는 소리
그림자
찾을 길 없는
노송의 꿈 그립다

어디에 피었는지 봉선화 간곳없고
바람이 놀고 있는 빗물 고인 놀이터에
옛 친구
뛰놀던 자리
잡초만이 무성하다

무명 옷 옷고름에 코 눈물 흘리면서
운동장 뛰어놀던 친구들 어디 갔나
웃음 띤
환한 얼굴이
창문 열고 내다본다.

가구

모래톱 나뭇결의
비단 같은 살결 피부

맞대고 의지해온
침묵의 지난 세월

생송진 향기 배어 있는 고향땅을 그린다.

별

해와 달 뜨고 지는 은하수 강변길을
푸른 꿈 한 마음 손잡고 걸어가면
전우애 물 오른 가지 꽃망울은 벙글고

찔레꽃 피는 언덕 님 찾는 노랑나비
보리밭 남실바람 봄소식 싣고 오면
땀방울 밴 푸른 제복 젊은 꿈을 피웠지

하늘에 뿌린 눈물 이슬로 내려앉아
볼 고운 초록 세상 햇무리 목에 걸고
바람이 토한 흙냄새 타고 넘던 나라 사랑

창공에 빛나는 별 달빛에 노를 저어
찾아간 마을마다 해님은 떠나가고
유성이 흐르는 길목 이정표로 살아있다

우주에 날던 깃 웅비雄飛로 나래 펴서
대양을 넘나드는 갈매기 드센 몸짓
을미년 솟는 해 보며 품어 나는 그 비상飛翔.

제4부

흐르는 물길 따라

길

하늘이 무거웠고
세월이 힘들었나

흰머리 고개 숙여
잡아보는 서산 노을

낮은 곳
머무는 자리
불어오는 뭇바람.

부소산 군창지

알갱이 모여앉아
기다림에 속이 탔다

소나무 대를 이어
비단 강 바라봐도

가여운
천년 짝사랑
돛단배만 노닌다.

친구

열어가는 가을 빛
귀뚜라미 외로워

파도소리 벗 삼아
이슬방울 머금고

먼데서
올 고향 소식
낙엽에게 묻는다.

낙엽

들국화 핀 들판에
뭇 향기 더하지만

갈바람 속삭임에
주눅 드는 이파리

가야할
머나먼 고향
해님에게 묻는다.

국화꽃

가로등이 먼동 보며
골목길 돌아설 때

이슬에 세수하고
아침 해 보려한다

처마 밑
달빛 이불에
추운 밤을 보내고.

저녁놀

가을바람 흐느끼며 지는 해 따라가고
귀뚜라미 달 빛 보며 서쪽 하늘 불러 봐도
떨어진
야윈 낙엽 한 장
황혼 빛이 서럽다.

능이 버섯

산 능선
한 이불에
명당자리 터를 잡고

깔때기 입술 열어
천리향 뿜어낸다

심마니
옷자락 끝에
나풀대는 웃음꽃.

갈대

세월은 구름 먹고
바람을 만드는가

흰머리 봉두난발
가지런히 빗질하고

눈보라
맞이하는 길
하얀 꽃을 흔든다

목도리 흰 스카프
풀어내는 강바람

야윈 몸 고개 숙여
가는 손 내밀지만

보고도
만날 수 없는
구름 위의 인연들.

물은 흐르고

이엉을 곱게 엮어 용마루 얹어 놓고
장독대 정화수에 달빛이 가득해도
관서關西에 홀로 계신 님 다시 올 줄 모른다

국화꽃 향기 짙은 단풍 길 걸어가며
만남을 기뻐하고 이별을 아쉬워한
석북石北의 장단소리에 가을빛은 익어가고

해지고 별, 달 뜨는 서천의 물길 옆에
반석을 쪼아가며 악성樂聖을 수놓으니
글귀는 맑은 햇살에 무지개로 빛난다.

* 關西: 마천령 서쪽 지방인 평안남북도와 황해도 북부 지역을 이르는 말. 석북 신광수는 1772년 2월 어머니의 권유로 기로과(耆老科)에 응시하여 갑과(甲科) 1등으로 뽑혔다. 3월에 돈령도정(敦寧都正)이 되었으며, 다시 병조참의에 오르고 9월에 영월부사(寧越府使)에 임명되었다. 1774년 관서지방의 풍속·고적·고사 등을 소재로 한 〈관서악부 關西樂府〉를 지었다.

* 석북(石北) 신광수(1712-1775) : 〔문학〕 조선 시대, 학자 신광수(申光洙)는 1774(영조 50)년에 지은 《석북집(石北集)》 중의 『關西 樂府』에서 서도(西都)의 경치, 역사, 명승, 인물, 놀이 따위를 노래하였는데, 여기에서 "일반적으로 시조는 장단을 얹혀서 부르는 노래인데 장안에 사는 李世春으로부터 비롯된 것이다."라고 하여 시조(時調)라는 말을 처음 사용하였다.

감나무 밑에서

올려본
깊은 샘의 물결은 고요하고

드리운
얼굴마다 잔주름 선이 굵다

빛바래
떨어지는 날
닿는 곳을 알겠다.

공연

소매 끝 물결 따라 춤추는 초록마당
흐르는 불빛 아래 무지개 피어나고
초승달
가는 길 멈춰
나와 함께 엿본다

한 바탕 벌인 잔치 신바람 일어나고
가진 것 털어 봐도 두 손 벌린 홍뿐인데
가만히
앉아 있자니
돌아서는 빈 하늘.

요양원

마른 가지
사이사이
내리꽂는 까마귀 울음

산 그림자
뒤에 숨어
가는 세월 붙잡고

하나 둘
살아 숨 쉬는
밥알을 세고 있다.

쩡쩡 우는
얼음판에
낚싯대 드리우고

강기슭
노송 목에
하루해를 건네주면

발 아래
긴 기다림이
풀잎으로 눕는다.

낙조

서산에 걸린 붉은 해 삭정이에 불 붙였다

환한 능선 이내 지고
남은 건 그림자 뿐

밤 새워 남은 재 모아 아침밥을 짓겠다

하얀 손 뻗은 갈대 둥근 태양 쓰다듬는다

지평선 맞닿은 곳
서려있는 찬 냉기

긴긴밤 어둠 속에서 아침 햇살 꿈꾼다.

워킹 아코디언 예술단

노래하라 아코디언
춤추어라 예술단아

찬 서리 내리기 전
행복을 전해주려

다함께
나눔의 기쁨 안고
찾아가는 예술단.

은행 잎

왔던 길 돌아보니
자욱한 아침 안개

늦가을 부는 바람
갈 길을 갑치지만

아련한
미련 때문에
갈 길 잃은 노란 잎.

담쟁이덩굴

센 물살 거슬러 온
삿대 끝 사공의 힘

들어 올린 손등에
야윈 힘줄 선명한데

동그란
자줏빛 돛대
노을에 물든다.

등산 길

산길의 하얀 차선 정상과 맞닿고
아스팔트 검은 심장 가쁜 숨을 몰아쉰다
누대를
오른 황토길
그 초록은 어디 갔나

도로변 하이얀 선 정상에 닿아있고
시꺼먼 심장들은 가슴 치며 오른다
누우 떼
내달린 끝자락
초원이 있다느냐.

* 누우: 아프리카 초원의 동물. 푸른 풀을 뜯기 위해 항상 앞으로만 내달리는 버릇이 있다.

간이 의자

누군가 떠난 자리
빈 병들만 남았구나

체취도 식어가고
외로움에 떨고 있지

내 가슴
더운 온기로
빈자리를 데워 주마.

태고사 오르며

좁은 길 오르면서
오는 차 피해주다

스님의 외마디에
멈춰선 낭떠러지

부처님
손바닥 위의
죽고 사는 시공간

엎드린 넓은 돌은
천년 세월 깔아놓고

오가는 발 아래서
뼈를 깎는 고행 수도

가랑잎
하나 떨어져
부처님 말씀 전한다.

낙화암

휘감긴 치맛자락
필봉에 쓸려가도

강 건너 닿을 곳 찾아
휘날리던 들꽃의 한

타사암
암벽 밑에서
고란초는 떨고 있다.

* 타사암 : 墮死巖 낙화암의 옛 이름

제5부

닿는 발길마다

버즘나무의 봄

아픈 세월 참아내어 돋아나는 파란 속살

살포시 내민 얼굴 반겨주는 여린 바람

참았던
눈물 한 움큼
봄비 되어 내린다.

버즘나무의 여름

집을 짓는 일개미 하루해가 짧은데

내미는 손짓에도 닿지 않는 구름 한 점

초록 손
휘젓는 소리
천둥되어 들린다.

버즘나무의 가을

억센 날게 파닥거림 파란 하늘 멀어지고

늙은 여치 치마 여미는 마른 계절 눈짓에

외로운
추억 안고서
돌아갈 길 살핀다.

버즘나무의 겨울

내리는 달빛 잡고 두 발로 굳게 서도

매달린 전선줄에 두려움 한없지만

방울 종
목에 매달고
찬바람을 달랜다.

할머니

콩 껍데기 툭 터지면
가을 빛 익어가고

키질 끝에 날아가는
눈물어린 쭉정이

묻어온
바람결 따라
살아오신 야윈 손.

아버지

거울에 비친 모습
젊은 날의 그림자

세월이 흐를수록
다가서는 그 얼굴

마음의
창 열고 보니
삼킨 눈물 고여 있다.

어머니 1

새벽바람 등에 지고
아침을 여시던 눈

회벽 난간 기대 선 채
보이는 것은 희미한 구름

땅 하늘
맞닿은 빈 터에
날아오른 참 연.

어머니 2

허물어진
돌담 같은
깊게 파인 이마 주름

불어오는 바람마저
인사 없이 지나간다

소리쳐 불러 보아도 못들은 척 가는 세월

자식걱정
받아 이고
서성이는 노을 길

불어오는 돌개바람
제 혼자 휘감는다

빙그레 마주보며 웃는 그날로 가는 세월.

얼굴

내 입은 가죽옷
땀방울에 젖어있다

구겨지고 얼룩져
쌓아놓은 추억들

때 되어
이별하는 날
눈물로 닦아 주마.

미로

거울에 비친 얼굴
주인은 간데없고

주름살 세고 있는
물기 어린 눈동자

발자국 뒤돌아보며 가야만 할 저 산길

가슴에 아로새긴
살아있는 추억들

내딛는 발길만큼
멀어져간 등대 불

어둠속 달리는 빛으로 찾아야 할 저 산길.

혼례

천 년을 엮어온 두 손을 마주잡고
백 년을 열기 위해 한길에 불을 밝혀
촛불은
은하에 올라
오작교를 밝힌다

사랑은 하늘 같이 천지를 품어 와서
구름 위 날아가는 흰나비 품안 안자
꽃들이
무지개 되어
가는 길을 잇는다

은하수 건너온 사랑줄 부여잡고
깃 빗은 원앙 되어 천리 앞 바라본다
한마음
실은 돛단배
손 흔드는 뭇별들.

재회

등굣길 아침이슬 맨발로 떠난 고향
수평선 파도 타고 아침을 몰아온다
갈매기
마중 가는 길에
서려있는 얼굴들

저 물결 산을 넘어 찾아온 정든 길목
비켜선 해안가에 살아있는 산 그림자
비린내
배인 문턱에서
거친 숨을 삼킨다

추억이 넘실대는 너울을 바라보며
멀리서 달려온 손 살포시 잡아본다
발자국
뒤 따라오며
피어나는 꽃잎들.

세월

할아버지 무릎은 우리 애기 놀이터

애기 손
고사리 손
할아버지 손 번데기 손

살며시
올려다보며
주름살을 살핀다.

손녀

할머니 자장가에 세월이 오고 간 뒤

아장아장 걸어가 엄마 모습 찾아내고

품안에
이별 있을 줄
차창 닫고 알겠구나

여문 밤알 고향 떠나 허공에 떨어져도

밤 잎은 모여 앉아 자손을 고이 받듯

배시시
웃음 날리며
남은 정을 흔든다

등에 업혀 가는 모습 애 간장을 녹아내면

변치 않을 내 사랑은 온 우주를 끌어안고

가슴 속
간직한 웃음
꺼내보고 다시 본다.

걸음마

세상 보는 눈높이기
시련의 시작이다

바람 부는 촛불 앞
흔들리는 꿈이지만

가다가
돌아오지 않는
외나무 길 가는 싹.

한숨

노을 지고 어둠 올 때
숨은 해를 누가 알까

한 숨은 귀한 목숨
숨 넘기고 알겠지

가슴에
찾아온 바람
심장소리 듣고 간다.

산문山門에 들어서며

두 눈을 부릅뜨고 치켜든 푸른 칼날
이승에서 지은 죄를 가슴에 묻어두고
발아래 세상만사를 감고 도는 도솔천

천년의 슬픈 미소 가여워 다문 입술
억 겁이 흘러가도 오늘이 그날인데
그윽한 향 내음 따라 타오르는 저 설렘

하늘은 하나인데 둘로 나뉜 낮과 밤
구름이 내려앉은 오층 석탑 보주에
오늘 밤 수미산 향한 철새무리 보겠다.

* 도솔천 : 〔불교〕 욕계 육천(欲界六天)의 넷째 하늘. 수미산의 꼭대기에서 12만 유순(由旬) 되는 곳에 있으며, 이곳에서 미륵보살이 산다. 내원(內院)과 외원(外院)이 있는데, 내원은 미륵보살의 정토이며 외원은 천계 대중이 환락하는 장소라고 한다.
* 수미산 : 〔불교〕 불교의 우주관에서, 우주의 중심에 있다는 거대한 산.

산문山門을 나서며

전생에 지은 업을 눈빛으로 씻어주고
실개천 물소리에 귀를 여는 사천왕
화엄의 길 열어놓고 무심을 닦고 있다

가슴에 안고 가는 셀 수 없는 꽃송이
연꽃 같은 얼굴에 피어나는 만다라 향
스며든 염불 소리가 잠든 불심 깨운다

긴 무상 그 너머 솟은 산은 말이 없고
무의 법문 복송하며 배웅하는 산새들
이승의 지친 발걸음 노을 뒤에 숨는다.

* 사천왕 : 〔불교〕동서남북 사방에서 부처의 법을 지키는 네 수호신. 수미산의 중턱에 있는 사왕천(四王天)의 주신(主神)으로 동의 지국천왕(持國天王), 서의 광목천왕(廣目天王), 남의 증장천왕(增長天王), 북의 다문천왕(多聞天王)을 이른다.
* 화엄 : 〔불교〕 여러 가지 수행을 하고 만덕(萬德)을 쌓아 덕과(德果)를 장엄하게 하는 일.

산을 오르며

오르고 넘어보는 눈썹 아래 자는 산
땀방울 튀는 길에 발걸음 힘줘 본다
까마귀
떠있는 산골
나만 혼자 바쁘다

동여맨 허리춤의 막다른 끄트머리
멈춰선 작은 가슴 고동 소리 들어가며
산기슭
햇살 받으며
너의 품에 안긴다

억겁을 살아오며 내어준 핏줄 살갗
스치는 사철 바람 숨바꼭질 놀이터
봉우리
다다라 봐도
넘지 못할 너의 키.

하도대리 민박

창문 사이 내민 앞산
초록 대님 두른 이마

헹구어낸 맑은 햇살
주워 담는 잎사귀

아쉽게
떠나는 걸음
따라오는 물소리.

* 하도대리 : 충북 영동군 상촌면 하도대리

■ 작품해설

서정으로 승화시킨 삶의 진정성

—강임구 시조시인의 1시조집 작품세계

문학평론가 리 헌 석

(사) 문학사랑협의회 이사장

1.

대한민국 공군의 전투기 조종사였던 강임구 시인은 1952년 10월 15일 경상남도 의령군 칠곡면 내조리에서 출생하여 성장한다. 6.25 직후의 대한민국 서민들 대부분은 초근목피(草根木皮)로 연명하며, 형언할 수 없는 간난신고(艱難辛苦)를 겪은 것처럼 강시인의 가정도 그러했던 듯하다. 그는 고향인 칠곡초등학교와 의령중학교를 다니는 동안 농촌과 산촌에서 이루어지는 힘든 노동을 직접 겪는다.

뒷동산에서 땔나무를 하여 지게로 져 나르는 초동(樵童) 역할로 가난한 집안 살림을 도왔다고 추억한다. 이러한 일은 초등학교나 중학교 학생이 감내할 수 있는 수준의 일이 아니었으나, 1960년대의 농촌과 산촌에서는 흔히 볼 수 있는 풍경이었다. 필자 역시 중, 고등학교 재학 시절에 20리 길을 지나 '먹방산'에서 땔나무를 마련하여 지게로 져 날랐던 경험이 있어, 동시대인으로서 눈물어린 공감대를 형성하게 되었다. 특히 다음 단시조 작품에서 가슴 먹먹한 동지애를 느꼈다.

칼바람 춤을 추던
동짓날 못 둑에서

밀가루 한 되에 내 눈물, 엄마 눈물

기나긴
겨울 지나고
고목처럼 서 있다.

—「품삯」 전문

어느 해 여름, 고향에 있는 연못(저수지)의 둑이 무너진 듯하다. 1960년대에는 그 둑을 쌓는 일에 미국에서 원조한 밀가루가 동원되었다. 퍼 나르는 흙의 양에 비례하여 밀가루를 품삯으로 주었다. 이런 배경을 알고 「품삯」을 감상하면 그야말로 칼바람이 춤을 추던 동짓날에도 무너진 연못의 둑을 쌓기 위해 땅을 파서, 그 흙을 이거나 지게에 지고 나르는 어머니와 아들의 〈기나긴 겨울〉을 유추할 수 있다.

같은 시대를 살아온 필자의 고향에서도 여름에 무너진 냇둑을 쌓기 위하여 겨울 내내 '밀가루' 공사를 하였다. 둑이 있던 자리는 홍수에 무너져 커다란 물 웅덩이가 만들어진다. 그 주변의 흙을 퍼 이거나 져 날라서 그 웅덩이를 메우고, 원래 있던 둑보다 좀더 넓고 높은 둑을 만들려면 어마어마한 노력이 필요하다. 가난이 숙명과도 같았던 필자도 지게로 흙을 져 나른 경험이 있어, 강시인과 동병상련(同病相憐)하는 관계망이 설정되었고, 이로 인해 그의 내면을 깊이 이해하는 실마리가 되었다.

고구마 한 입 먹고
동치미 한 대접

엄동설한 짧은 해
엷은 햇살 내려 받아

가다가 되돌아보니 얼어버린 그날들

가지 않는 삭풍에
쫑알대는 개울 물

눈 덮인 비탈길에
기대선 파란 하늘

봄소식 나뭇가지 끝에 숨어 있는 한 나절

—「한겨울」 전문

빈한(貧寒)한 사람들에게 겨울은 차라리 재앙이었을 터이다. 엄동설한에 얼어 죽거나 굶어 죽지 않으면 1년을 살아날 수 있다는 말이 돌 정도로 겨울은 혹독하였다. 1950~60년대에는 고구마와 감자를 구황(救荒) 작물로 재배하여 곡식이 부족한 가정에서는 겨울철 생명줄 역할을 하였다. 이 연시조(聯詩調) 「한겨울」에서는 고구마도 아껴 먹을 정도였으니, 강시인의 가정을 비롯한 서민들의 살림이 이러했다.

〈엷은 햇살 내려 받아〉 조금 가다가 되돌아보니 그 햇살마저도 얼어버린 날들이라는 회상에서 삶의 참담함을 공유한다. 그러나 눈 덮였던 비탈길 나뭇가지 끝에 숨어 있는 봄소식을 예감하며, 무서운 겨울을 무사통과하고 싶은 소망도 담아낸다. 또한 정서의 공유를 매개삼아 작품을 감상할 터이매, 이론적 접근보다 작품 자체의 생성 과정에 치중하기로 한다.

2.

강임구 시인은 의령중학교를 졸업한 후, 고등학교에 진학할 여건이 되지 못하여, 기업의 특채에 의한 산업 역군이 된다. 의령 출신 삼성그룹 창업자가 '고향 사랑' 배려로 가정이 어려운 고향 청소년들을 '제일모직'에 특별 채용을 하였는 바, 가정 형편이 어렵던 강시인 역시 그에 따른다. 회사에 근무하면서 자성(自省)의 시간을 갖게 되고, 그로 인해 다시금 향학열이 점화되어 대구상업고등학교 야간반에 진학을 하여 주경야독(晝耕夜讀)을 한다.

타고난 지적(知的) 능력을 바탕으로 학습에 전심전력하여 공군사관학교에 합격하는 쾌거를 이룬다. 공군 소위로 임관하여 전투기 조종사로 조국의 하늘을 날다가, 이태리 대사관 무관 보좌관으로 차출되기도 하고, 공군참모대학에서 수학하며 공군 장교로서 청운의 꿈을 가꾸었으나, 1990년에 뇌출혈 발발로 보라매의 꿈을 접어야 했다. 이런 과정에서 비롯된 창작품이 여러 편인데, 1시집에 수록하지 않고 좀 숙성시키겠다는 의중을 밝힌다. 그럼에도 불구하고, 절실하였던 정서만큼이나 간접적인 형상화도 절창(絶唱)이다.

구름을 뚫고 나와
쏟아지는 하얀 나비

길 잃은 날갯짓이
하늘가 맴돌다가

한 마리
창틀에 날아와
사르르르 잠든다.

—「눈」 전문

단시조인 이 작품은 눈(雪)에 대한 묘사와 비유의 구체화일 수도 있으나, 이 눈송이를 시인으로 환치해도 무리가 없다. 〈구름을 뚫고 나와/ 쏟아지는 하얀 나비〉는 눈의 보조관념으로 보이지만, 그 원관념은 어려움을 극복하고 조종사가 되었던 시인 자신일 터이다. 예컨대 눈으로 상징되는 '하얀 나비'가 구름을 뚫고 나온다는 표현은 논리의 비약이다. 구름의 일부가 눈으로 내리는 것이지, 구름 위에 있던 다른 물체가 구름을 뚫고 내려오는 것은 아니기 때문이다.

특히 〈길 잃은 날갯짓이/ 하늘가 맴돌다가〉 창틀에 날아온 것은 분명 눈의 구체화이지만, 꿈꾸던 '보라매'의 염원을 잃고 현실에 적응할 수밖에 없는 자신의 보조관념으로 보아도 좋을 터이다. 이런 형상화는 여러 작품에서 드러나는데, 「장미 2」에서 〈유월의 흐르는 눈물/ 손으로 닦으면서// 반기는 전우 손에/ 웃음꽃〉을 건넨다. 자신과 현충원에 묻힌 전우가 이루지 못한 일들을 안타까워하며, 야인으로 돌아온 후에도 넘치는 '그리움'을 노래하며 전우와 일체감을 이루고자 한다.

유월에는 그 얼굴의 눈동자가 그립다
나란히 줄 서있는 전우와 눈 맞추고
가만히
고개 숙이면
들려오는 목소리

땅에서 하늘에서 외침과 노한 눈빛
천둥과 불화살에 비켜선 붉은 무리
맞대어
날던 은빛 날개
깃을 접고 있지만

비구름 몰려오는 깜깜한 지평선 끝
솟아오른 보라매 보금자리 찾았을까
한동안
움츠린 날개
홰울음을 날린다

귀를 찢는 폭음도 숨어버린 산기슭
찾아왔던 얼굴들 떠나버린 오후 네 시
하루해
지는 현충원에
온 유월이 서있다.

—「유월이 오면」 전문

4연시조인 이 작품에서 시인은 현충원을 찾아 〈나란히 줄 서 있는 전우와 눈〉을 맞추며 〈들려오는 목소리〉를 듣는다. 현충원에 잠들어 있는 전우와 자신이 〈날던 은빛 날개/ 깃을 접고 있지만〉 〈천둥과 불화살에 비켜선 붉은 무리〉들을 응징하려는 의지만은 여전하다고 적시한다. 특히 현충원에 잠들어 있는 전우가 〈비구름 몰려오는 깜깜한 지평선 끝〉에서 보금

자리를 찾았을까, 염려하는 마음이 오롯하다.

전우를 찾아왔던 사람들이 〈떠나버린 오후 네 시〉에도 시인은 현충원에 서 있는다. 전우의 곁에서 변함없이 함께하고자 하는 동지애의 현신(現身)이다.

3.

강임구 시인은 보라매의 꿈을 접고, 공군대학교 교수로 보임되어 장교들에 대한 재교육을 통하여 보국애민(保國愛民)을 실천한다. 연세대학교에서 석사 과정을 마치고, 대전대학교에서 박사과정을 마친 후에는 민간인 신분의 교수로 근무한다. 그는 퇴역에 이르러 세상을 관조(觀照)하며 행복하게 살기로 결심한다. 2009년부터 워킹아코디언예술단에서 아코디언을 배우며, 어려운 이웃들을 위한 봉사에 앞장서고 있다. 한국시낭송가협회에서 주관하는 시낭송 연수과정에 참여하여 시낭송가로 사회봉사에도 나선다.

이와 함께 대전문학관에서 문학창작의 기초과정을 마치고, 대전문예대학의 창작을 위한 합평회에도 참여하여 작품의 수준을 높이기 위해 노력한다. 이러한 과정을 거쳐 『창조문학』의 신인상에 시조작품이 당선되어 시조시인으로 등단한다. 그 동안 창작한 시조가 200편이 넘는데, 그 중에서 100편만을 선정하여 작품집으로 묶는다. 작품의 예술성을 추구하는 심모원려(深謀遠慮)로 보인다.

수평선 긴 써레가
건반을 훑고 올 때

망둥어 온음 따라
찾아가는 고향길

물들면
축제의 향연
같이할 수 있겠다.

—「귀향」 전문

단시조의 압축미와 걸출한 비유가 뛰어난 가편(佳篇)이다. 〈수평선 긴 써레가/ 건반을 훑고 올 때〉에서 보여주는 시어의 융합은 신(神)의 한수에 가깝다. 길게 펼쳐 있는 '수평선'을 '긴 써레'에 견주는 발상은 농촌에서 성장한 그만이 찾아낼 수 있는 절구(絶句)다. 다시 '긴 써레'가 피아노 건반을 훑어 온다는 생동하는 비유가 신선하다. 초장만으로도 작품의 높은 수준을 가늠할 수 있는 바, 이 작품의 중장과 종장을 통하여 감동은 심화된다.

'수평선'과 짝을 맞춘 '망둥어'는 바닷가 뻘에서 쉽게 볼 수 있는 어종으로, 깊은 바다에서 자란 후 태어난 갯벌로 다시 돌아온다는 점에서 귀향과 부합된다. 망둥어는 고유의 소리를 내는데, 그 소리를 '온음'으로 인식한 것도 놀랍다. 서로 맞닿은 두 음의 사이가 장2도에 해당하는 음정을 '온음'이라고 한다. 이는 반음정 둘을 합한 것으로, 음악의 전문가가 아니더라도 쉽게 변별하거나 감득(感得)할 수 있는 기본 음정이다. 망둥어 소리를 따라 고향을 찾아 떠나는 시심 또한 가치 있는 세계와 닮아 있다.

이엉을 곱게 엮어 용마루 얹어 놓고
장독대 정화수에 달빛이 가득해도
관서關西에 홀로 계신 님 다시 올 줄 모른다

국화꽃 향기 짙은 단풍 길 걸어가며
만남을 기뻐하고 이별을 아쉬워한
석북石北의 장단소리에 가을빛은 익어가고

해지고 별, 달뜨는 서천의 물길 옆에
반석을 쪼아가며 악성樂聖을 수놓으니
글귀는 맑은 햇살의 무지개로 빛난다.

—「물은 흐르고」 전문

장별 배행의 3연시조인 이 작품의 시어와 형상화 과정은 고답적이다. 과거지향적인 '이엉' '용마루' '정화수' '관서' '석북' '서천' 등의 어의(語義)를 정확하게 이해할 수 있다면, 우리 전통문화에 소양이 깊은 독자라 하겠다. 최근의 생활 현실에서는 찾아보기 힘든 소재들인데, 볏짚을 엮어 만든 '이엉'으로 지붕을 덮은 뒤에 '용고새'로 '용마루'를 덮으면 초가의 지붕이 완성된다. 또한 우리의 어머니들은 가족의 평안과 자녀들의 안녕을 빌기 위하여 '장독대'에 '정화수'를 떠 놓고 기원하였는데, 요즘의 '기도'나 '불공'에 해당된다.

이 작품은 시조시인 석북 신광수에 대한 존경을 담고 있다. 석북 선생의 『석북집』 「관서악부」에 '장단을 얹혀서 부르는 노래'가 '시조'라는 것을 밝힌 문학적 공로에 대한 찬탄(贊

嘆)의 의미도 담겨 있다. 이 노래는 시조작품을 미적 결정체로 인식하는 바탕에, 〈글귀는 맑은 햇살의 무지개로 빛난다.〉 등을 통해 수준 높은 시조 창작에 매진하겠다는 열망(熱望)의 표현이기도 하다.

4.

강임구 시인의 첫 시집에는 가족에 대한 사랑이 20여 편 수록되어 있다. 그가 뇌혈관 파열로 삶의 굴곡을 경험하였을 때, 혹은 평생의 꿈을 접는 과정에서 가족의 사랑과 보살핌이 컸으리라는 점에서 당연한 귀결이라 하겠다.

특히 성장기에 접하였던 가족의 관심과 사랑은 평생 동안 잊을 수 없는 서정적 자산일 터이다. 농촌에서 어려운 일들을 하면서도 손주들에게 자상하였을 할머니의 세월, 가난한 가정을 이끄느라 온갖 고생을 짊어졌을 아버지의 젊은 시절, 모시고 살아도 언제나 그리운 어머니의 사랑과 추억, 아내에 대한 사랑과 미안함, 자녀에 대한 사랑과 순정한 기대, 그리고 사랑스러운 손주들에 대한 무한한 관심과 배려가 작품에 용해되어 나타난다.

> 콩 껍데기 툭 터지면
> 가을 빛 익어가고
>
> 키질 끝에 날아가는
> 눈물어린 쭉정이

묻어온
바람결 따라
살아오신 야윈 손

―「할머니」 전문

단시조에 담아낸 이 작품은 초장(初章)부터 발상의 전환이 신선하다. 가을빛이 익어가기 때문에 콩이 여물어 껍데기가 톡 터지는 것인데, 그 인과 관계를 역(逆)으로 해석하고 있다. 이러한 발상은 정서의 중심축이 익어가는 가을빛보다 콩 바심을 하는 할머니에 기울어 있다는 방증이다. 간략하게 묘사하고 있지만, 콩 바심에는 여러 과정을 거치는데 생략되어 있다. 1차로 콩을 베거나 뽑고, 2차로 햇볕에 잘 말린 후, 3차로 도리깨로 타작하여, 4차로 콩을 모아 키질로 쭉정이를 날려 알곡만 남긴다.

이와 같이 몇 단계로 정리를 해도 농민들이 쏟는 정성과 시간을 온전하게 담아내기는 지난한 일이다. 할머니를 비롯한 우리 아버지와 어머니는 정성과 사랑으로 가족의 먹거리를 마련한 것이다. 한낱 곡식을 위한 수고가 이러하였으니, 자손을 비롯한 가족에 대한 사랑이 얼마나 넓고 깊었으리라 유추할 수 있다. 「아버지」에서 그는 거울에 비친 자신의 모습을 보면서 아버지의 눈물어린 세월을 연상한다. 「어머니 2」에서 자식 걱정에 〈서성이는 노을길〉의 애잔한 정서를 작품에 담아낸다.

아지랑이 봄 들녘 찾아 나선 차가운 손
어머님이 솎아 낸 목 자른 푸른 보리

보리죽
한 사발 밥상
하루해가 저문다.

고무신 맨발에 손때 찌든 망태자루
뚝새풀 엉킨 고랑 헤쳐 나간 보리밭
봄볕에
노곤한 다리
함께하기 힘들다.

유월의 이른 장마 퍼붓는 빗소리
허둥대는 발걸음에 싹이 돋는 보리이삭
한 고비
넘기어야 할
목숨들의 울대다.

바람 부는 산마루에 잡목들 무성한데
넘나드는 산 까마귀 조상님들 어디 갔나
다가가
물어보아도
말이 없는 산 그림자.

—「보릿고개」 전문

4연시조로 구성된 이 작품에서 시인은 성장기의 '보릿고개'를 작품으로 빚는다. 첫 수의 〈어머님이 솎아 낸 목 자른 푸른 보리〉는 삶의 곤궁을 여실하게 보여준다. 청보리가 여물면 누렇게 익는데, 이때 보리를 수확하는 것이 정석이다. 그렇지만 당장 가족을 굶길 수가 없는 어머니는 여물지도 않은 '푸른 보리'의 목을 잘라 밥을 짓는다. 곡식이 여물었을 때 수확하면 양과 질에서 훨씬 득(得)이지만, 궁핍을 극복하기 위한 차선책이다. 이러한 삶을 시인은 〈한 고비/ 넘기어야 할/ 목숨들의 울대〉라고 은유한다.

이러한 과정을 견뎌온 온 국민이 합심하여, 우리나라는 오늘날과 같은 풍요의 시대를 맞게 되었다. 그 바탕에서 시인은 이제 손주들을 사랑하며, 또한 그들의 재롱에 행복해하며 여생을 보내리라 기대한다. 〈할아버지 무릎은 우리 애기 놀이터〉로 내어주면서 손주들과 눈높이를 맞추고 있다.

5.

강임구 시인은 할머니, 아버지와 어머니가 겪으셨던 가난의 굴레를 스스로 벗어난 '인간승리'의 표본이다. 중학교를 졸업한 후 산업체에 근무하여 안주할 수도 있었으나, 야간고등학교에 진학, 주경야독하여 공군사관학교에 진학한 자질과 노력은 입지전적 성공 신화다. 사회적 성취를 이룬 뒤 아름다운 여생을 준비하는 자세 역시 건실하다.

또한 자신에 대한 진솔한 성찰을 작품으로 빚는다. 〈오라고 안 했는데/ 살며시 따라와서// 수많은 참견에다/ 눈물만 남겨놓고// 손수건/ 꺼내기도 전/ 가는 길은 어딘가〉 자문(自問)하는 「송년」에서 1년의 끄트머리와 인생의 노년기를 복합적으로 그려내고 있다. 〈수많은 눈물만 남겨놓고〉 흘러간 세월에서도 시인은 긍정적인 시심으로 세상을 관조한다.

햇살에 물들여진
오선지 초록치마

이파리 속삭임에
발걸음 멈춰 선다.

이슬이
앉은 찻잔에
여울지는 녹차향.

—「차밭에서」 전문

차밭에서 햇살에 물든 연초록빛 새순을 만난다. 초록의 긴 줄로 이어진 차밭을 '오선지'로 비유하면서, 시인은 차 이파리들의 속삭임에 발걸음을 멈춘다. 여기까지가 차밭에서 인식할 수 있는 장면이다. 그러나 시인은 이슬이 내려앉은 찻잎에서 물방울이 아롱진 찻잔을 연상하게 되고, 찻잔에서 모락모락 오르는 김을 통해 녹차향을 인식하여, 시심의 정화작용을 담아낸다.

천지를 덮고 있는
하얀 달빛가루

잘라도 다시 나는
티눈 같은 한 점 살

수천 년
비추고도 남는
별빛 같은 맑은 힘

—「초심」 전문

강임구 시인의 문학적 지향이 「초심(初心)」에 담겨 있다.

그가 인식하고 있는 시의 영역은 아마도 〈천지를 덮고 있는〉 겨울의 달빛가루처럼 무량(無量)한 듯하다. 문학 창작의 발심(發心)은 '티눈'과 같아서 잊을 듯하다가 무시로 통증을 유발하여 나태함을 경계한다. 그가 문학에 매진할 수 있는 동인(動因)은 수천 년 비추고도 남을 〈별빛 같은 맑은 힘〉이다. 별빛처럼 맑은 순수와 진실이 그의 작품을 지탱하는 원동력이다.

우리 겨레 문학에서 700년이 넘는 역사를 지닌 시조(時調)의 전통을 계승하는 것만으로도 시조시인들은 자존(自尊)할 수 있다. 시조는 문학사(文學史)의 영역이면서 정치와 사회, 문화와 예술, 산업과 생활을 포용하기 때문이다. 시조는 역사 이래 예술 중의 으뜸으로 자리 매김이 되어 왔다. 아름다운 서정을 노래하기도 했으며, 사회 여러 분야의 아픈 곳을 어루만지기도 했고, 때로는 시조가 곧 학문의 중심이기도 했다. 이런 마력(魔力)에 의해, 강임구 시인 역시 겨레문학의 발전을 위해 시조 창작에 매진하리라 믿는다.

■ 저자후기

"살다가 오래여 삭은 작목들 흰 팔 벌리고 서 있고 풍설에 깎이어 날선 봉우리 훌훌훌 창천에 흰구름 날리며 섰더니라." [박두진 '별' 중에서]

흰 팔 벌리고 외롭게 서 있기 보다는 손을 들고 노래하고 싶어 두서없는 졸필로 시조집을 만들었습니다.

그 동안 많은 사랑과 질책을 아끼지 않으신 문예대학 조남익 전학장님, 김영수 학장님, 엄기창 원장님 그리고 대전시민대학 신웅순 교수님과 학우 여러분께 감사의 인사를 드립니다.

끝으로 예쁜 시조집을 만들어 주신 문학사랑의 리헌석 회장님과 편집장님 고맙습니다.

감사합니다.

강임구 배상

흐르는 물길 따라

강임구 시조집

발 행 일 | 2015년 10월 23일
지 은 이 | 강임구
발 행 인 | 李憲錫
발 행 처 | 오늘의문학사
출판등록 | 제55호(1993년 6월 23일)
주 소 | 대전광역시 동구 대전로 867번길 52(삼성동 한밭오피스텔 401호)
전화번호 | (042)624-2980
팩시밀리 | (042)628-2983
홈페이지 | http://www.lito77.co.kr(홈페이지)
전자우편 | hs2980@hanmail.net

공 급 처 | 한국출판협동조합
주문전화 | (070)7119-1741~2
팩시밀리 | (031)944-8234~6

ISBN 978-89-5669-709-3
값 8,000원